1re **Conférence Générale**
des
Agences Télégraphiques Internationales

Berne — 6-11 Juin 1924

PROTECTION DE LA PROPRIÉTÉ DES INFORMATIONS DE PRESSE

PREMIÈRE RÉSOLUTION

Les Agences d'information dont les noms suivent :

PAYS	AGENCES
Allemagne	Continental Telegraphen Compagnie.
Autriche	Amtliche Nachrichtenstelle.
Belgique	Agence Télégraphique Belge.
Bulgarie	Balgars' ... afna Agentzia
Danemark	Ritzaus Bureau.
Espagne	Agencia Telegrafica Fabra.
Esthonie	Eesti Telegraafi Agentuur A. S.
Finlande	Suomen Tietotoimisto (Finska Notisbyran)
France	Agence Havas.
Grande-Bretagne	Reuters Limited
Grèce	Agence d'Athènes.
Hongrie	Magyar Tavirati Iroda
Italie	Agenzia Stefani.
Lettonie	Latvijas Telegrafa Agentura.
Lithuanie	Lietuvos Telegramu Agentura.
Norvège	Norsk Telegrambyraa.
Pays-Bas	Nederlandsch Telegraaf Agentschap.
Pologne	Polska Agencja Telegraficzna.
Portugal	(Représenté par l'Agence Havas).
Roumanie	Orient-Radio Rador.

PREMIÈRE RÉSOLUTION (suite)

Russie .... Agence Rosta.
Suède .... Tidningarnas Telegrambyra.
Suisse .... Agence Télégraphique Suisse.
Tchécoslovaquie .... Ceskoslovenska Tiskova Kancelar.
Yougoslavie .... Agence Avala.

Considérant d'une part : 1° que la question du *droit de propriété* des informations n'a pas encore été internationalement tranchée ; 2° que dans certains pays le droit de propriété des informations est à ce point protégé que même après la publication dans un journal, un tiers ne peut pas les reproduire ni les utiliser d'une façon quelconque sans autorisation ;

que dans d'autres pays, l'information n'est protégée que jusqu'au moment où, par la voie d'une feuille ou d'un journal mis en vente, elle tombe dans le domaine public ;

que dans d'autres pays encore ce droit de propriété paraît ne pas être reconnu :

Considérant d'autre part, que différentes conférences internationales n'ont pas estimé pouvoir assimiler l'information proprement dite, à moins qu'elle ne revête une forme personnelle, à une œuvre littéraire, mais que le fait de rechercher, de recueillir et de présenter au public une information, constitue un effort personnel d'organisation et un labeur qui doivent être protégés.

Ont décidé à l'unanimité, dans une conférence qu'elles ont tenue à Berne du 6 au 11 juin 1924, de soumettre au Bureau international de l'Union de la Propriété industrielle, à Berne, ainsi qu'aux autorités compétentes de leurs pays, les vœux suivants :

Vœux

1° Il est désirable que soit recherchée une entente internationale, en vue d'unifier les législations en matière de propriété des informations de presse sur la base du principe suivant :

Toutes les nouvelles obtenues par un journal ou une agence d'informations, quels que soient leur forme, leur contenu et le procédé au moyen duquel elles auront été transmises seront considérées comme étant la propriété de ce journal ou de cette agence aussi longtemps que leur valeur commerciale subsistera.

2° Il est désirable, en particulier, que la prochaine conférence de La Haye, chargée de reviser la Convention internationale de Paris-Washington de 1883-1911 pour la protection de la propriété industrielle soit saisie d'un amendement destiné à étendre à l'utilisation non autorisée des informations de presse la disposition de l'article 10 *bis*, réprimant et pénalisant la concurrence déloyale et à faire figurer dans l'énumération des actes de concurrence déloyale cités à titre d'exemples, la reproduction et l'utilisation, dans un but de lucre, des nouvelles du jour, notamment des informations politiques, commerciales, économiques et financières.

———

DROIT DE VOTE

DEUXIÈME RÉSOLUTION

Chaque délégation, même comprenant plusieurs membres, n'a droit qu'à une seule voix.

1" Conférence Générale
des
Agences Télégraphiques Internationales
Berne — 6-11 Juin 1924

LANGUE DU PROCÈS-VERBAL

TROISIÈME RÉSOLUTION

Seul le texte français sera de commun accord considéré comme authentique et publié.

SOUMISSION
DES RÉSOLUTIONS AUX BUREAUX INTERNATIONAUX

QUATRIÈME RÉSOLUTION

Il est décidé à l'unanimité que l'*Agence Télégraphique Suisse*, qui veut bien accepter cette tâche, se chargera, au nom de la Conférence, de soumettre résolution et vœux au Bureau international de la Propriété intellectuelle à Berne.

SOUMISSION DES RÉSOLUTIONS AUX GOUVERNEMENTS

CINQUIÈME RÉSOLUTION

Toutes les délégations prennent l'engagement de soumettre les mêmes résolutions et vœux aux autorités compétentes de leurs pays respectifs, dans les formes requises.

RÉGIME DE LA RADIOTÉLÉGRAPHIE

SIXIÈME RÉSOLUTION

Les Agences d'information dont les noms suivent :

PAYS	AGENCES
Allemagne	Continental Telegraphen Compagnie.
Autriche	Amtliche Nachrichtenstelle.
Belgique	Agence Télégraphique Belge.
Bulgarie	Balgarska Telegrafna Agentzia.
Danemark	Ritzaus Bureau.
Espagne	Agencia Telegrafica Fabra.
Esthonie	Eesti Telegraafi Agentuur a. s.
Finlande	Suomen Tietotoimisto (Finska Notisbyran)
France	Agence Havas.
Grande-Bretagne	Reuters Limited
Grèce	Agence d'Athènes.
Hongrie	Magyar Tavirati Iroda
Italie	Agenzia Stefani.
Lettonie	Latvijas Telegrafa Agentura.
Lithuanie	Lietuvos Telegramu Agentura.
Norvège	Norsk Telegrambyraa.
Pays-Bas	Nederlandsch Telegraaf Agentschap.
Pologne	Polska Agencja Telegraficzna.
Portugal	(Représenté par l'Agence Havas).
Roumanie	Orient-Radio Rador.

SIXIÈME RÉSOLUTION (suite)

Russie .... Agence Rosta.
Suède .... Tidningarnas Telegrambyra.
Suisse .... Agence Télégraphique Suisse.
Tchécoslovaquie .... Ceskoslovenska Tiskova Kancelar.
Yougoslavie .... Agence Avala.

soucieuses de défendre leurs intérêts légitimes,

désireuses à la veille d'une nouvelle conférence internationale de radiotélégraphie et de radiotéléphonie, d'indiquer nettement aux Administrations intéressées quels sont leurs besoins et leurs desiderata esssentiels :

inquiètes notamment de la facilité avec laquelle. pour le present, quiconque possédant un poste radioélectrique peut, contrairement au principe du secret de la correspondance télégraphique, capter les informations qui sont leur propriété et, d'une façon plus générale, constatant ou l'absence ou la faiblesse et l'inégalité de la répression pénale de pareils abus,

ont décidé à l'unanimité, dans une conférence qu'elles ont tenue à Berne. du 6 au 11 juin 1924, de soumettre aux autorités compétentes de chacun de leurs pays, les *vœux* suivants :

Premier vœu

Recherche et mise en application de tous moyens techniques capables d'empêcher la captation non autorisée des informations, notamment :

1° en adoptant pour les agences. des moyens d'émission qui empêcheraient des tiers de recevoir des émissions ;

2° en n'autorisant l'établissement ou le maintien de postes de réception privés qu'après avoir pris toutes les mesures propres à limiter strictement la capacité de réception des appareils ;

3° *a)* mise en application, par les Administrations. de modes de chiffrage simples, quoique sûrs, permettant un déchiffrage rapide,

b) en particulier adoption. et autant que possible généralisation des machines à chiffrage et déchiffrage automatiques, pour lesquelles il semble que des brevets aient été pris par l'industrie privée.

SIXIÈME RÉSOLUTION (suite)

Deuxième vœu

Assimilation très nette et clairement spécifiée, par voie législative, du viol du secret de la correspondance radiotélégraphique et radiotéléphonique et de son usage illicite à des délits pouvant entraîner une amende ou une peine d'emprisonnement, nonobstant la confiscation de l'appareil et le retrait de l'autorisation, comme cela se fait déjà dans un certain nombre de pays.

Troisième vœu

Réglementation internationale du service de radiotélégrammes déposés dans un pays sous une adresse commune avec destinataires déterminés dans différents pays et qui n'entraînent pas avis de réception de la part des administrations réceptrices. Ces radiotélégrammes ne sauraient être délivrés qu'à leurs destinataires ni être recueillis que par ceux-ci.

Quatrième vœu

Adoption et mise à exécution par les Administrations et Sociétés concessionnaires, dans les différents pays, du principe déjà admis par quelques-uns d'entre eux des radiotélégrammes multiples ou circulaires, en fixant une taxe moyenne par mot, à l'émission, quel que soit le nombre des destinataires.

Cinquième vœu

a) Diminution du tarif de presse actuellement en vigueur dans le régime télégraphique international :

b) Extension du tarif de presse au delà des limites d'heures existant à l'heure actuelle pour les communications de presse transmises par voie de télégraphie ou téléphonie sans fil.

Vœu final

Discussion par la prochaine Conférence internationale radiotélégraphique des vœux précédents, pour autant qu'il n'y aurait pas été déjà satisfait et mise à l'étude, sinon adoption, d'un programme permettant de les réaliser dans les différents pays adhérant à la Conférence.

BUREAU CENTRAL

SEPTIÈME RÉSOLUTION

M. Meynot dégage la conclusion que la question de la création d'un organisme spécial n'est pas mûre encore. Dans ces conditions, il propose le maintien du *statu quo* : les Agences alliées ne négligeront aucune occasion d'adresser à Londres ou à Paris toute documentation qu'elles jugeraient intéressante et les deux agences doyennes accepteront, de leur côté, de donner en quelque sorte des consultations ; enfin l'établissement d'un bureau permanent figurera au programme d'une future conférence. Au cas où l'on aurait besoin de l'intervention de l'*Agence Télégraphique Suisse*, dans telle ou telle circonstance, l'on ferait appel à ses bons offices en lui laissant le soin de décider des dépenses éventuellement nécessaires qui lui seraient remboursées par les Agences alliées. En somme l'intermédiaire serait : *a)* l'*Agence Télégraphique Suisse* pour les questions d'ordre international à traiter en Suisse : *b) Havas* ou *Reuter* pour le reste.

Il en est décidé ainsi.

DÉSIGNATION DU BUREAU CENTRAL

HUITIÈME RÉSOLUTION

M. CERMAK propose de désigner *Havas* pour la centralisation et la communication des renseignements destinés aux Agences alliées. Cette proposition est adoptée.

LIAISON ENTRE LES AGENCES ALLIÉES
ET LES ORGANISMES INTERNATIONAUX DE LA S. D. N.

NEUVIÈME RÉSOLUTION

En ce qui concerne la mise à exécution des vœux exprimés par la Conférence qui nécessitent l'intervention des organismes internationaux faisant partie de la Société des Nations. celle-ci sera. jusqu'à la création d'un Bureau permanent. à charge de l'*Agence Télégraphique Suisse* qui, par l'intermédiaire de l'*Agence Havas*. tiendra les Agences alliées au courant des résultats obtenus et des décisions prises par les organismes internationaux en question.

Les frais qui pourraient en résulter seront répartis entre les Agences alliées par l'intermédiaire de l'*Agence Havas*.

PROCHAINE CONFÉRENCE

DIXIÈME RÉSOLUTION

1° La prochaine conférence ordinaire se réunira dans le courant de l'année 1925 :

2° La convocation sera faite par le bureau, après avis des Agences alliées :

En ce qui concerne le lieu de réunion de la conférence en 1925, la ville de Rome est désignée à l'unanimité, sur la proposition de la délégation roumaine, agréée par M. CAPPELLETTO.

Une conférence extraordinaire sera convoquée lorsque la demande en sera faite par la majorité des Agences alliées, soit la moitié plus une. (Proposition de la délégation italienne).

ORDRE DU JOUR DE LA PROCHAINE CONFÉRENCE

ONZIÈME RÉSOLUTION

a) Service intérieur de broadcasting (proposition de la délégation allemande).

b) Création d'un Bureau Permanent : (proposition de la délégation hongroise).

c) Suite donnée aux divers vœux, résolutions et décisions adoptés par la conférence actuelle : (proposition de la délégation roumaine).

d) Unification éventuelle des longueurs d'onde pour les Agences alliées ; (proposition des délégations autrichienne et tchécoslovaque).

RÉCEPTION DES SERVICES T.S.F.

DOUZIÈME RÉSOLUTION

La Conférence des Agences alliées émet le vœu que les Agences alliées qui ne sont pas suffisamment ou pas encore outillées pour s'assurer la réception des services radiotélégraphiques des Agences alliées le fassent au plus tôt afin d'éviter le tort qui pourrait leur être fait par d'autres organismes plus diligents.

CHIFFRAGE

TREIZIÈME RÉSOLUTION

Les Agences alliées adoptent le principe d'après lequel toutes les informations commerciales et financières radiotélégraphiques émanant d'elles devraient être chiffrées.

BROADCASTING

QUATORZIÈME RÉSOLUTION

Considérant le danger que constitue le broadcasting radiotélé-phonique, d'une part pour les agences télégraphiques d'informations sur le champ d'action desquelles il commence à empiéter, d'autre part pour le public lui-même, menacé par la facilité ainsi donnée de répandre des informations non contrôlées, les agences d'informations dont les noms suivent :

PAYS	AGENCES
Allemagne	Continental Telegraphen Compagnie.
Autriche	Amtliche Nachrichtenstelle.
Belgique	Agence Télégraphique Belge.
Bulgarie	Balgarska Telegrafna Agentzia.
Danemark	Ritzaus Bureau.
Espagne	Agencia Telegrafica Fabra.
Esthonie	Eesti Telegraafi Agentuur a. s.
Finlande	Suomen Tietotoimisto (Finska Notisbyran)
France	Agence Havas.
Grande-Bretagne	Reuters Limited
Grèce	Agence d'Athènes.
Hongrie	Magyar Tavirati Iroda
Italie	Agenzia Stefani.
Lettonie	Latvijas Telegrafa Agentura.
Lithuanie	Lietuvos Telegramu Agentura.
Norvège	Norsk Telegrambyraa.

QUATORZIÈME RÉSOLUTION (suite)

Pays-Bas	Nederlandsch Telegraaf Agentschap.
Pologne	Polska Agencja Telegraficzna.
Portugal	(Représenté par l'Agence Havas).
Roumanie	Orient-Radio Rador.
Russie	Agence Rosta.
Suède	Tidningarnas Telegrambyra.
Suisse	Agence Télégraphique Suisse.
Tchécoslovaquie	Ceskoslovenska Tiskova Kancelar.
Yougoslavie	Agence Avala.

ont décidé à l'unanimité, dans une conférence qu'elles ont tenue à Berne, du 6 au 11 juin 1924, de recommander aux Agences alliées de soumettre, autant qu'elles le jugeront opportun, aux autorités compétentes de leurs pays respectifs le vœu suivant :

En cas d'octroi de concessions de broadcasting ou de renouvellement de concessions déjà existantes, il devra être stipulé que les concessionnaires s'engageront à ne répandre, en fait de nouvelles politiques, commerciales, financières ou autres, que celles qui leur seront fournies par les agences d'informations reconnues.

1ʳᵉ Conférence Générale
des
Agences Télégraphiques Internationales
Berne — 6-11 Juin 1924

DOCUMENTATION SUR LES PÉRIODIQUES

QUINZIÈME RÉSOLUTION

La motion des délégations baltes touchant plus spécialement la documentation sur les périodiques est renvoyée au Bureau pour étude.

CONCURRENCE

SEIZIÈME RÉSOLUTION

Dans le domaine de la concurrence, appréciant hautement l'importance des renseignements recueillis au cours de ses délibérations actuelles, la Conférence décide :

1° de réunir en un recueil unique les renseignements fournis actuellement sur les agences concurrentes ;

2° de prier le BUREAU CENTRAL provisoire de tenir à jour le recueil en question, en le communiquant périodiquement aux Agences alliées, afin que chacune d'elles puisse le compléter, d'après ses propres sources de renseignements ;

3° de prier les Agences alliées de signaler immédiatement au BUREAU CENTRAL provisoire la naissance sur leur territoire d'agences concurrentes en fournissant des détails précis sur leurs méthodes de travail et leurs chances de succès ;

4° prie le BUREAU CENTRAL provisoire de faire aux Agences alliées, contre une rétribution fixée par lui, un service régulier du recueil en question ;

5° d'unir les efforts de toutes les Agences alliées dans la lutte entreprise contre la concurrence et, dans le plus bref délai, de prendre toutes les mesures voulues pour perfectionner le service des Agences alliées en le rendant plus actif.

PROCÈS-VERBAL

DIX-SEPTIÈME RÉSOLUTION

Le procès-verbal de la Conférence sera imprimé à titre confidentiel et communiqué à tous les membres de la Conférence. Les frais de cette impression et en général les frais de la première Conférence des Agences seront répartis parmi les Agences alliées par l'intermédiaire de l'*Agence Havas* et de *Reuters Limited*.

REMERCIEMENTS A L'AGENCE INVITANTE

DIX-HUITIÈME RÉSOLUTION

La Conférence décide à l'unanimité d'exprimer à l'*Agence Télégraphique Suisse* le témoignage de sa vive reconnaissance pour les travaux d'organisation et célébration de l'assemblée tenue à Berne du 6 au 11 juin, qui ont largement contribué à la réussite des délibérations.